시간 너머 어딘가에

하희경

 시인의 말

어린왕자 손잡고
지구 한 바퀴 돌았습니다.

라임오렌지나무는 망고나무가 되어
바다 건너에 있습니다.

다락방의 세라는 식탁 위에서
자판을 두드립니다.

키다리아저씨는 긴 그림자로
나를 이끌고 있습니다.

삐삐처럼 씩씩하지도 않은데 용케
하고 싶은 일은 찾았습니다.

삐뚤빼뚤 발자국 여전히
앞으로 나가고 있습니다.

2024년 11월
이사벨라 하희경

차례

제1부 깜박이는 파란 신호

두부를 부치면	11
두 마리 개	12
발이 움직이지 않는다	14
ㅇ ― ㅇ	15
책벌레	16
안과 가는 날	17
꿈	18
벽	20
기도	21
후회일까, 다짐일까	23
동물원 앞에서	24
동행	25
4번 출구 미용실	26
기시감	27
이명	28
개평 같은 날들	29
부탁이야	30
인연	31

제2부 꽃샘바람이 길을 찾고 있다

덩굴장미	35
버스킹	36
구구	37
망고나무	38
휴식의 탄생	39
시간 너머 어딘가에	40
한밤중에	41
여름밤의 꿈	43
칡넝쿨	44
요술지우개	45
꽃샘바람	46
폭포	47
지금 이 순간	48
바다가 보고 싶어	49
몽중몽설	50
풀잎의 하루는	52
그냥	53
하루살이 날다	55

제3부 아카시아 나무 그늘에서

삐뚤빼뚤	59
부부	60
잃어버린 세계	61
시식코너	62
어버이날	63
조금 있으면	64
배웅	66
문답	67
달팽이의 하루	68
후안무치	69
우물가에서	70
서른 그리고 서른	72
생명선	73
생각	74
첫 만남을 앞두고	75
필리핀에서 봄	76
당신도 참	77
문득	78

제4부 꽃 한 송이 피우는 일

목련나무꽃　　　　　　81
일기예보　　　　　　　82
커피의 길　　　　　　　83
꿈은 얼지 않아　　　　　84
한 권의 책　　　　　　　86
갈증　　　　　　　　　　87
물음표　　　　　　　　　88
기차 시간　　　　　　　89
이번 역은 가을입니다　　90
바람이 차네요　　　　　91
눈 내리는 날　　　　　　92
정원　　　　　　　　　　93
소금　　　　　　　　　　95
길을 걸으며　　　　　　96
한달살이　　　　　　　　97
스노우볼　　　　　　　　99
인터뷰　　　　　　　　100
카르마　　　　　　　　102

작품 해설

무뎌진 감각과 그 회복을 향한 역동적 힘의 추구 105

제1부 깜박이는 파란 신호

두부를 부치면

비가 내린다
토톡 토도독 타닥 타다닥

가로등은 빗물에 눈 깜박이고
버섯 같은 우산 아래 우리는 숨고
파란 입술로 서로 따듯함을 나누고
길고양이처럼 마음은 달려가고
순간은 영원으로 점을 찍고
골목길 끝없이 이어지고

꿈은 아니었지 아니, 꿈이었을지도

여전히 두부를
좋아하는지 알 수 없지만
두부 부칠 때마다 떠오르는 생각

타다닥 타닥 토도독 토옥
비 내리는 날

두 마리 개

휠체어 탄 사람 보고
한발 물러섰다
먼저 나가시라고
어디선가 개들이 짖는다
불편한 사람은 도와줘야 해
몸이 불편하면 불행한 사람이니까

휠체어가 멈춘다
앞에 장애물은 없다
그가 나 먼저 나가라고 한다
몇 걸음 나서다가 돌아보았다
여전히 멈춰 있는 휠체어

어쩌면, 혹시
되돌아가 입을 열었다

  도와드릴까요?

  아니, 괜찮아요

물어봐 줘서 고마워요

해맑게 웃는 얼굴에
순간 개들이 조용해졌다

내 머릿속 개 두 마리
휠체어에 탄 사람은
도움이 필요하다는 편견
나보다 불행할 거라는 선입견
두 마리 개가 자신만만하게 내달리다
그만 돌부리에 걸려 넘어졌다

티 없이 맑은 얼굴 앞에서
개들이 쥐구멍을 찾는다

발이 움직이지 않는다

 버스에서 내려 몇 발짝 떼는데 신호등이 바뀐다 붉은색에서 푸른색으로 횡단보도 근처에 바구니가 보인다 빨간색 작은 바구니가 우두커니 서 있다 바구니에 은박지와 철 지난 선물 세트 포장지 꽃무늬 장바구니 하나 끈에 묶여있다

 지나가는 발끝 향해 오늘의 선행을 하라고 전생의 죄를 갚으라고 내일의 덕을 쌓으라고 펼쳐져 있다 검게 퇴색된 손을 뻗어 지나는 이들의 구원을 위해서 주인은 어디 가고 바구니 혼자 있는 걸까 화장실이라도 간 걸까 어쩌면 고픈 배를 채우러 간 건지도 모르겠다 앞에 있는 종교단체 팸플릿은 굳게 입을 다물고 있다

 하나둘 늘어나는 사람들 신호가 바뀐다 다시 건너야 할 시간이라고 푸른 눈이 말한다 어쩐지 발이 안 떨어진다 사람들이 건너간다 바구니는 여전히 혼자 있다 동전 몇 개 끌어안고 누군가를 기다리며 얌전히 있다 하릴없이 바구니 앞을 떠나지 못하는 나, 신호등은 몇 번이나 푸르게 웃는데 발이 떨어지질 않는다

o — o

안경다리가 부러졌다
깜박이는 파란 신호에
허둥지둥 건너려다
어깃장 놓는 발에 그만
철퍼덕 넘어지고 말았다

이 거리 저 거리
바람막이 하나 없이
지멸있게 걸어온 날들이
노란 은행잎으로 쏟아진다

무언의 약속 아래
갈림길도 에움길도
가리지 않던 발자국들
문득, 숨 고르기를 한다

부러진 다리에
붕대를 감아주었다
깁스한 다리 되똥거리며
콧등에 비상 착륙한 안경알
아직은 쓸 만하다며 응응거린다

책벌레

깊은 잠에 빠진 책 더미
하나둘 헤쳐 보니
해묵은 글자들이
가쁜 숨 쉬며 뛰어나온다

목마른 시간 끌어안고
싫은 소리 한번 없더니만
스치는 손길에 반짝 고개 들고
참았던 속내 풀어놓는다

햇살도 바람도 별빛도
외면하는 골방에서
웅크렸던 이야기들이
더듬더듬 더듬이를 펼친다

안과 가는 날

참 길다

빈둥거리며 마시는 하루가
인스턴트 커피는 까맣게 말라가고

다정했던 바람 언제 적 일인지
인사도 없이 휘릭 날아간다

새소리도 들리지 않는 오늘
종일 애를 태운다
어째 이리 긴지

청소하고 빨래 널고 텔레비전도 봤지만
책 안 보고 글 안 쓰기로 한 하루

너무 길다

꿈

어둠 속으로 손을 뻗었다
더듬더듬 조심스럽게
전기 주전자가 자리에 없다
분명 스위치를 눌렀는데
행동반경을 좀 더 넓혀 본다
앗, 뜨거
커피 한 잔 마시려 했을 뿐인데

어둠 속에서 발을 뻗었다
깨갱
한밤의 고요가 움찔한다
발끝으로 평화를 걷어찼다
다만 실수인데
무섭다
강아지는 죽을지도 모른다

어둠을 향해 기지개를 켰다
화분이 나동그라진다
떼구루루 파삭
곱던 향기가 금세 흙빛이 된다

올올이 풀리던 빛이 손을 거둔다
아, 이제는 웅크려야 한다

어둠을 등에 지고
눈 밝은 사람들 사이에
작은 움막 하나 지어야겠다
모든 걸 덮어주는 눈이 내린다면
참 좋을 텐데
좀 추울까?

벽

꿈 많은 소녀가 여인이 되면
어미의 희생은 당연하다는
신화에 길들여진 사람들
쇠사슬 소리 요란하게
숨통을 조여온다

다른 세상에 사는 남편
독불장군 같은 자식들
옴치고 뛸 재주 없는 여자는
가난으로 빛바랜 모성을 들고
하늘 아래 고개를 들지 못한다

순종이 미덕이라 배운 여자에게
무심하게 다가오는 손가락
가시 돋친 말들이
넘을 수 없는 벽을 만든다

기도

지은 죄도 없는 남자가
그만 동티가 나고 말았단다
주고 또 주다 뒷감당 못 했을까
너무 웃어 입병이 났을까

애써 웃는 남자 바라보며
자근자근 입술 깨무는 순간
거미줄에 걸린 남자 실어 가려고
숨 가쁘게 기차가 들어선다

남의 십자가 짊어지고
바보 같이 웃기만 하던 남자
작은 희망 하나 지고 오겠다며
습관처럼 마른 웃음을 짓는다

둥근 보름달보다
그믐달을 더 많이 삼킨 남자
평생 써 온 하회탈 매만지며
기차에 몸을 싣는다

남자가 건넨 숱한 미소
어쩌지 못하는 나의 이기심
괜찮을 거란 말도 잊어버리고
그만, 동티난 남자를 배웅한다

아무것도 해줄 게 없는 여자
흔들리는 등 뒤에 서서
무사히 돌아오라고
입술만 달싹달싹

후회일까, 다짐일까

지나온 날들이 가뭇하다
치열한 전투 치르고도
장렬하게 전사하지 못한
기록되지 않는 패잔병의 눈물,
한꺼번에 쏟아져 내린다

촛불 하나 들고
갸웃거리던 밤이
어두운 창을 두드린다
형제도 연인도 몰라라 한
낙오된 자의 눈물이 거침없다

비가 내린다
메마른 대지에 촉촉이 잦아들다가
변심한 애인처럼 몽둥이찜질을 한다

어쩌자고
어찌하라고

창가에 백발 여인
굳게 입을 다문다

동물원 앞에서

아이들을 생각한다
이미 커 버린, 아이가 아닌 아이들
사자 보고 눈이 동그래지던 조그만 아이들을

돌아오는 길에 오른손에 매달린 아이가 말했다 엄마, 사자가 슬퍼 보였어 왼손을 꼭 붙든 아이는 엄마, 배고파 난 아이들 입에 짜장면을 물려 주었다 검은 짜장에 물든 아이들은 슬픈 사자를 까맣게 잊고 깔깔거리며 웃었다 큰 짜장이 작은 짜장에게 말한다 너 입에 짜장 묻었어 작은 짜장은 큰 짜장에게 하얀 이를 드러내고

사자가 왜 슬퍼하는지 답을 못했다 사자의 슬픔이 나를 먹어 버려서 몇 번의 짜장면을 먹는 동안 아이들은 사자의 슬픔을 잊고 사자의 슬픔에 매몰당한 나를 잊고 키 작은 아이들을 잊었다 아이들은 처음부터 어른이었던 것처럼 지구 위를 걷고 있다 지구 한 모퉁이에서 여전히 슬픔에 잠긴 사자는 아이들을 기다리는데

사자가 나를 보았다
사자가 고개를 끄덕이며 속삭였다
보고 싶었어, 나도 그렇다고 답했다 오래전에 아이들에게 하지 못했던 답을

동행

당신 아픈가 봐요

건드리기만 해도
스치기만 해도
바라만 봐도
신음소리 절로 나오니 말이에요

누군가 말하길
아픔을 안다는 건
살아 있다는 증거라네요

그래서일까요?
나도 좀 아파요

4번 출구 미용실

용문동 4번 출구 앞
오래된 건물 2층에는
*4번 출구 미용실*이 있다

얼었던 몸 녹이러 간 목욕탕에
힘없는 얼굴 하나 남겨두고
흰 뿌리 드러난 머리 숙인 채
바스러질 듯 걷는 여자에게
*4번 출구 미용실*이 말을 걸었다

젊어진다는 마법에 홀려 시간 헤아리는데
지진이라도 났는지 건물이 흔들린다
한 번 두 번 세 번 잊을만하면 다시 또
알고 보니, 지하철 지나갈 때마다 그런단다

큰 덩치도 어쩔 수 없다며
*4번 출구 미용실*은
흔들리며 살아온 여자를 품고
나지막이 한숨 쉬며 몸을 뒤척인다

기시감

활기 넘치는 시장 한 가운데
남자가 풀썩 쓰러진다
소스라쳐 피하는 사람들

술에 취해 휘청이는 남자
허연 뒤통수, 헝클어진 눈동자
눈썹 위 이마에 피딱지 앉아 있고
낡은 잠바에도 허리춤 허술한 바지에도
점점이 작은 핏방울이 흩뿌려져 있다

자신도 가족도 포기한 남자
홀로 남겨두고 돌아서는데
남자의 발끝에서 그림자가 묻는다

왜 나를 외면하는 거야?

어째서 날 위해 울지 않는 거니?

이명

별일도 다 있지
만나지도 않았는데
옹알이 소리가 따라다닌다

첫 만남은 어떤 모습일까
동그란 눈이 휘둥그레질까
오동통한 팔다리를 휘저을까
볼록 나온 배로 기어다닐까
낯선 얼굴에 울면 어쩌지
아니, 내가 울지도

너에게 가는 길
귀에 벌레가 생겼나 보다
옹알옹알 쉬지 않고 떠든다

개평 같은 날들

윗목에 밀쳐 둔 아이
꼬무락거리며 잘도 살았다
어쩌다 비치는 햇살 끌어안고
빗물에 찬밥 말아먹으며
바듯이 명줄 이어갔다

스무 살이 고비라 했던가
서른 살은 안 넘긴다 했는데
어영부영 실 날 같은 희망에
외줄타기하면서
개평 같은 한 생 돌았다

적선처럼 던진 칭찬 한마디
행여 놓칠세라 두 손으로 떠받들고
자분자분 걸어온 날들이
저 홀로 뿌리를 내리더니
무너진 담벼락을 일으켜 세웠다

개평 같은 날들
살아서 참 다행이다

부탁이야

양배추 요구르트
꿀 넣고 단추 눌렀어
주스 만들려고 말이야

느닷없이
뇌를 찌르는 칼날들
시큼한 진물 쏟아져 내리고
유효기간 지난 달콤한 말들 봉두난발

서둘러 멈추려 해도
넋 나간 머리는 안하무인
정신 차려야 하는데 말이야

누가 플러그 좀 뽑아 줄래?

인연

무지개색 우산을 썼더라
그 사람 말이야,
너도 봤지
모른다고?
그걸 못 봤구나

물방울이 톡톡 떨어지는데
날개를 달고 있었어
마치 하늘 높이 날아오를 것처럼
아니, 낙하산이었을지도 모르지
어쨌거나 난 그 사람을 봤어

그날부터 시작이었지

제2부 꽃샘바람이 길을 찾고 있다

덩굴장미

세상에, 간도 크지
벌건 대낮에 담을 넘다니

혼자가 아니라서 겁이 없는 걸까
설마 누가 의심하겠어, 하는 베짱일까

너 방심하면 안 돼

거봐
내가 뭐랬어

아차 하는 순간
네 마음을 훔쳐 가고 말았잖아

그래도 양심은 있나 봐
얼굴 붉어진 걸 보면 말이야

버스킹

똘망한 참새가 명랑하게 노래한다
의젓한 직박구리 지휘하고
비둘기는 떼 지어 굽신굽신
멋쟁이 까치도 질세라 껑충껑충
요란스레 달팽이관에 달려드는
깍깍 소리에 깜짝 놀라 고개 드니
까마귀 눈을 똥그랗게 뜨고
자기는 왜 잊었냐며 야단이다

꽃송이도 벙싯벙싯 합창하는데
언감생심 가슴에 묻은 노래들
쾌활하게 구성지게
혹은 나지막하게
소리 내면 큰일 날까
가만가만 걸어온 길

새들이 노래한다

노래 씨앗 깊이 묻어 두고
고장 난 뻐꾸기시계 마냥
입 다문 나 대신

구구

사람들은 숲을 밀어내고
커다란 집을 지었다

나무 몇 그루만 남기고
울창한 숲을 빼앗긴 비둘기들
먹이 찾아 사람들 곁에 내려앉았다

아파트 기둥에 커다란 경고문
　해로운 비둘기에게
　절대 먹이를 주지 마세요
억울한 비둘기들 해만 뜨면
날아와 항변한다 구구

누군가 색연필로 글자를 지웠다
　　　　　비둘기에게
　절대 먹이를 주　　　세요
고마운 비둘기들 틈만 나면
고개 숙여 절한다 구구

망고나무

말이 없다
그 자리에서 그대로
제 안에 있는 수분으로
홀로 먹고 자고 숨 쉬며
우두커니 그렇게

잘 지내는지
배곯지는 않는지
혹여 아프지는 않은지
궁금하지도 않은가 보다
작은 새 끌어안은 채
말없이 그렇게

새를 빌려 노래하고
바람결에 흔들거리며
열매 키우는 망고나무
웃고 떠드는 여인네들
힘차게 지나가는 남자들
가만히 그렇게

바라만 보고 있다

휴식의 탄생

오늘 우리
세상을 닫아두자
부드러운 풀숲에서
아무도 모르게 말이야

잔뜩 성이 난 지구
난 겁이 나
금방이라도 터질 것처럼
빨갛게 달아오른 태양을 피해야겠어

우리 둘이 나란히 누워
흙 속에 숨은 보물 이야기
나누기로 하자
너도 그렇게 생각한다고?

역시 넌 언제나 다정해
처음 만났을 때도 그랬지
티 나지 않게 살짝 스며들어
내 마음을 물들였잖아

시간 너머 어딘가에

흐린 오후를 새가 주름잡는다
애써 만든 둥지 놓아둔 채
어디로 가는 걸까

낮은 산과 더 낮은 나무 밟고
점점 낮아지는 하늘 받들어
느릿느릿 자맥질한다

땅이 바다였을 때
날치였을지도 모를 작은 새
쉬지도 않고 무엇을 향해 가는 걸까

달려가도 달아나도
끝내 그 하늘 아래인 것을
알지 못하는 날개, 낮과 밤을 가른다

한밤중에

7월과 8월이 만났다
내가 깊은 잠에 빠졌을 때
고양이와 아기가 아무도 몰래
달빛 소리에 잠 깨어 눈 맞추듯
살짝 볼 맞대고 키스했을지도
아니, 진하게 안아줬을지도

어쩌면,

시간이란 게 뭐야
글쎄, 사람들이 만든 거겠지
그렇지? 별걸 다 만드는 세상이니까
언젠가는 저 달도 만들지 몰라
설마, 그렇게까지?
알 수 없지, 우린 원래 하나인데 갈라졌잖아
이제 해가 뜨면 우린 헤어져야겠네
걱정하지 마, 내년에 또 볼 거니까
너무 멀다, 일 년에 한 번이라니
이런 이야기 할지도

어쩌면,

견우와 직녀처럼
전생의 인연 잊지 못해
일 년에 한 번 만나면서
눈썹달 저만치 보초 세우고
못다 한 사랑 나눌지도

여름밤의 꿈

바닷가에 성 하나 지었다
기상나팔 부는 우렁각시
불가사리별 보초병 세우고
조개껍질 기와 얹으며
어디든지 항해할 수 있는
게딱지 배도 하나 장만했다

천년만년 아니어도
내 생애 한 번은 거뜬하라고
산호초 촛대 세우며 기도했다

잠시 눈 붙였는데
파도가 컹컹 짖어대고
목줄 끊긴 바람 쿵쾅거리며
내 꿈의 성을 삼켜버렸다

칡넝쿨

어떤 모습이니?
끙끙 기어올라
바라본 하늘 말이야

나뿐이라며
나 없이 못 산다고
나 때문에 웃는다더니

뽀짝뽀짝 보랏빛 향기 들이밀다
말끔 모른 척하는 칡넝쿨아

내가 없는 세상 살만 하니?

요술지우개

가끔 아주 가끔
땅거미에 깜짝 놀란다
꺼무숙숙한 그 모습에
덩달아 꺼무스름해진다

햇살 아래 투명한 이슬이
눈물처럼 떨어질 때
불쑥 뜬금없이
눈이 따라 하는 것처럼

세상이 잘 돌아갈까

다시없이 평화로운 세상
왜 이렇게 걱정하는지
어째서 안달하는지
지나친 염려를 지우고 싶다

눈물 콧물 말끔하게 지워 줄
새로운 도구를 찾아본다
스치기만 해도 쓱쓱
잘 지워지는 요술지우개를

꽃샘바람

봄이라는 게 뭔지
하얗고 노랗고 붉은
연초록의 그 연약한 빛이
단단해져 가는 길의 시작이라니
못내 궁금한 겨울이 발길을 멈추었다

봄은 안달이 나고 말았다
담장 밑에 노란 민들레
붉은 동백꽃과 하얀 목련
자그마한 새 부리 같은 입술
서둘러 내밀고 싶은데 어쩌자고,
눈치 없는 겨울은 머뭇거리는가 말이다

겨울과 봄이 한 판 붙을 기세다
떠남과 머무름이 길모퉁이에서
봉긋한 가슴과 시린 눈빛으로
노려보고 있다
바람이 분다

꽃샘바람이
길을 찾고 있다

폭포

문득 폭포를 생각한다
저 높은 곳에서 세상을 향해
작은 물방울들이 한데 모여
땅으로 쏟아져 내리며
목이 터져라 외친다

거침없는 물줄기에
남은 생 맡길 수 있다면
죽지 않으려고 살아온 날들이
새 힘을 얻을지도 모르겠다
산다는 것의 그 치열함을 다시 맛보고 싶다

물 만난 고기처럼
팔딱거리는 순간 언제였는지
어쩌면, 웅장하지 않아도
이름 하나 남기지 않아도
잘 살았다고 알려줄지도 모른다

폭포를 보러 가야겠다

지금 이 순간

별이 되려 하는 사람
아니, 이미 별이었던 사람
숨 쉬는 모든 게 문학이며
손 닿는 것마다 사랑이었던
별 하나, 고운 미소 남기고
무지개다리를 건넌다

막다른 길에서도 멈추지 않고
세계를 빛내던 별 하나가
아름다운 여행을 떠난다

작은 지구를 지나
우주 너머 하늘 품으려고
커다란 날개 펼치고 비상한다

바다가 보고 싶어

나무가 노래한다
파도처럼
쏴아아

길 잃은 갈매기
먹이 찾아
날아든다

황급히
새우 없다고
이파리가 외친다

몽중몽설

어디든지 가고 싶은 곳을 골라 봐

둘이 손잡고 해변으로 달려가자
개구쟁이 파도 간지럼 태우고
배꼽 예쁜 사람들 와글바글
입 큰 조가비 목청껏 노래하면
조그만 게가 모래성 쌓는 곳 말이야
참 갈매기에게 새우깡이 해롭다는 거 알고 있지?

눈 쌓인 산도 볼만할 걸
꼭대기에서 돌멩이 하나 굴려 봐
커다란 눈사람이 데굴데굴 내려와
반갑다고 손 내밀지도 모르잖아
만질 수 없다고 없는 건 아니야
뜨거운 여름날 눈이라니 정말 좋겠지?

그것도 아님, 도시에서 놀지 뭐
네온사인은 길고양이 유혹하고
거리에서는 무도회가 열리나 봐
선남선녀들이 멋지게 차려입었잖아

저 연인은 싸웠나 봐, 잔뜩 성이 나 있어
정말 달콤하고 흥미진진한 세상이지?

지금 뭐 하냐고? 리모컨 들고 여행 중이야

풀잎의 하루는

햇살 체에 걸러 부드럽게 풀어주고
빗방울은 동글동글 둥글리고
춤추는 바람 안무하고
가냘픈 몸으로
힘든 내색 하지 않고
까만 밤이 무섭다고 우는
풀벌레까지 등에 업어 달래느라고

눈코 뜰 새 없이 바쁘다

그냥

그냥 눈길이 갔어
햇살은 알알이 부서지고
그림자 짧게 헛기침하더군
누군가 날 부르는 것 같았지

그냥 모른 척했어
만사가 귀찮은 날이었거든
밥 먹자는 말도 유혹하는 커피도
살래살래 손 흔들고 등 돌렸지

그냥 바빴어
어딘가에 꼭 가야 했거든
뾰족한 무언가가 등 떠밀어
힘없는 나는 저녁처럼 지고 말았지

그냥 그런 날이었어
아무도 보고 싶지 않고
아무 말도 듣고 싶지 않은
혼자 우두커니 걸어야 하는 날

그냥 그래야만 했어

성급한 낙엽에 눈길 주고
뒹구는 은행알 살짝 피하면서
바람 따라 흔들흔들 말이지

하루살이 날다

알 수 없는 일이다
단 한 번이라도 날고 싶어
그 귀하다는 하루 쟁취했는데
하필, 막걸릿잔이 함정이 될 줄이야
신이 술에 취하기라도 했을까
젖 먹던 힘까지 몽땅 끌어내
누룩 냄새 손사래 치고
날개를 꺼내야겠다

하루살이 비상이 가당찮은지 막걸리가 켈켈 웃는다

담장 너머를 본다
노을빛에 잠긴 눈동자
금방이라도 집어삼킬 듯이
입술에 침 바르며 쏟아지는 얼굴
끝인가 싶어 달콤한 포기에 기대는데
팔다리가 웅성웅성 힘을 모아
그악스러운 술잔 떨치고
마침내 담장을 넘는다

제3부 아카시아 나무 그늘에서

삐뚤빼뚤

벌, 나비 취했나보다
라일락 꽃향기에 취해
삐뚤빼뚤 정신 못 차린다

어젯밤
삐뚤빼뚤 들어온 아빠는
뭘 따라다닌 걸까?

부부

부부 싸움? 우린 그런 거 몰라

결혼하고 한 번도 다투지 않았다고 자랑하는 남자
고개 숙인 여자의 깃털에서 바람이 인다

어머니와 형제들에게 호기로운 남자
다정한 가족들 사이에서 말 없는 여자
세상을 다 가진 행복한 남자와
아무것도 남은 게 없는 여자, 그들은
하늘 아래 다시없는 잉꼬부부다

남자가 지저귄다 아주 커다랗게
여자는 웃는다 언제나처럼 조용히
깃털 빠진 여자와 윤기 나는 남자
두 마리 잉꼬가 한 새장에 산다
바람은 유유히 지나가고

잃어버린 세계

아버지 낡은 가슴팍
치근대는 눈물 달래어
시 쓰는 사람을 알고 있다

새벽마다 정화수에 피어나는
주름진 어머니 얼굴에서
시 퍼내는 사람도 안다

하지만

어쩌다 글쟁이 된 아이
잠꼬대 같은 시간에 쫓겨
시 한 줄 움켜쥐지 못했다

아버지 머리맡에 쌓인 약봉지
가만히 흘러나오던 어머니 한숨
분명 그 틈새 어딘가
시가 있었을 텐데

시식코너

종이컵 반쪽에 담긴 만두 반 알
틈새시장 만나 신이 난 아저씨
반쪽 만두 연신 집어 먹는데
부른 배만큼 두꺼운 얼굴이 번들거린다

인터넷에도 시식코너는 있다
한 끼 밥값도 못 버는 나는
공짜 시에 손가락질하기 바쁘다
철판 두른 얼굴로 연신 클릭하며
마음의 양식을 양껏 주워 먹는다

시가 밥이 되지 않는 세상
돈 안 되는 공짜 시가 부러운 건 그래도
손가락질당해야 성공한 시인이니까

오늘도
나는

널려 있는 시에서 손을 떼지 못한다
밥값 못하는 시인이지만 언젠간,
내 시도 손가락질당할 거라는 믿음으로

어버이날

엄마가 운다
내가 만든 꽃이 예쁘다고

버려진 색종이 주워 모아
꼬맹이 크레파스로 칠했는데
어쩌다 보니 무지개색 꽃 한 송이
아무리 봐도 카네이션 안 닮았다

한밤중 엄마가 운다
살짝 잠에서 깨어났다

  어린이날 선물도 못 줬는데
  영인이가 이걸 줬어요
  우리 아이 잘 크고 있지요?
  하늘에서 영인이 잘 지켜주세요

아빠가 사진 속에서 웃고 있다

조금 있으면

눅진한 향기 푸푸 거리며
신명 나게 나오겠지
왜 아니겠는가
헛헛한 뱃속 둥글리고
걸신들린 시간 메워주었는데

어쩌다 마주친 아카시아 나무
아카시아꽃 하나둘 술잔에 띄우며
보일 듯 말 듯 웃던 아버지
나무 된 건 아닌지
유심히 보았다

아카시아 나무 가만히
바람에 몸 맡기고
호르륵호르륵
날개 달린 시간 흔들어
잠든 아버지 일으켜세운다

오래전 아주 오래전
작별 인사 부족하다며
아카시아 나무 그늘에서

서성이는 그림자 하나
문득, 아버지 생각

배웅

　그녀가 웃고 있다 평생 낮은 자리에 있던 그녀가 높은 단상 위에서 국화꽃 치마를 펼치고 환하게 웃고 있다 조카들이 달려와 안긴다 아니 덩치 큰 조카들에게 내가 안긴다 조카의 등을 쓸어주고 그녀를 향해 돌아섰다 가만히 웃고 있는 그녀에게 무릎 꿇고 절했다

　새 옷 한 벌 사는 것도 아까워하며 열심히 살던 그녀 사위보고 손자 보면서 이제 좀 살만해진 지 몇 해 되지도 않았는데 기다렸다는 듯이 치매를 앓기 시작했다 이승과의 끈을 차차로 놓으면서 굴곡진 시간을 지웠다 길을 잃고 일상이 흐트러지는 중에도 만날 때마다 자네가 고생 많네 하며 웃던 예쁜 치매였다

　75세 나이로 세상과 선을 그은 그녀 삼십칠 년 전 처음 만나 일 년에 몇 번 만나는 사이로 지내던 큰 형님이 먼 길을 떠난다 막내 조카 울음소리가 커지고 큰조카와 둘째 조카 울음이 뒤를 따른다 저 곡소리가 다른 세상으로 접어드는 그녀를 반기는 천상의 나팔 소리였으면 좋겠다

　여자로 태어나 한 생을 마감하기까지 그녀의 걸음걸음이 충만했기를 나아가는 세상이 어떤 곳인지 그 안에서 평화롭기를 바라며 안녕을 고한다

문답

누나… 누나…

전화기 너머 건너오는
술에 취한 혀 짧은 소리
엄마 배 빌려 낳은 내 아들
그림자의 시간은 현재진행형

아카시아꽃 피고 지길 수십 번
자라기를 거부한 아이는
여전히 버튼을 누른다

꽃비 내리는 봄날에
달려오는 소리
누나, 누나, 어 엄마,
살고 싶다는 그 작은 외침

응 으응
할 수만 있다면
지우고 싶은 시간이 답한다

달팽이의 하루

은이가 상추를 주었어
부지런히 먹을 거야

이 작은 상자에서
넓은 세상으로
성큼성큼 나갈 거니까

그래도 어쩐지
혼자는 좀 무서워
친구를 만드는 중이야

둘이 함께라면
뭐든지 할 수 있을 테니까

후안무치

그냥 사랑만 해
성가시게 하지 말고
최고가 되라고 성공하라고
당신 꿈 나에게 얹는 건 사양할게
지금 있는 그대로 예쁘게 봐
난 하나밖에 없는 공주니까

내가 혹시 넘어지면 그건 당신 탓이야
왜냐하면 당신은 신의 대리인이니까
직무 유기는 곤란해

고개 돌리지 마, 내가 말하잖아
내가 누구냐고?
엄마 정신 나갔어?
나 딸이잖아
세상에서 제일 귀한 당신 딸

난 아무에게도
하지 않는 요구를 당신에게 한다
단지 내 엄마라는 이유 하나만으로
아주 당연하게

우물가에서

처녀는 가만 웃었지요
결혼 전날 밤 물 길으며
살림살이 괜찮다는 신랑집에서
부모 없는 동생들 살린다기에
안심하면서 말입니다

시작인 줄 몰랐지요
첫날밤 시작한 술주정
검은 머리 하얗게 세도록
마르지 않는 우물가에서
숨을 헐떡였답니다

몇 번이나 결심했지요
우물 속에 풍덩 뛰어들려고
하지만, 물결 위에 앉은 달빛이
동생들 얼굴인 것만 같아
발길을 돌렸답니다

우물은 깊었지요
두레박에 매달린 물방울처럼
치마꼬리 붙잡던 동생들 간데없고

홀로 남은 백발 여인 우두커니
우물만 들여다봅니다

서른 그리고 서른

　내 나이 서른, 예순은 알 수 없는 미로였다. 하나에서 열까지 서툴게 길고양이와 함께 걷던 길. 다다를 수 없는 아득함이 끝없이 이어지고 있었다. 앞이 보이지 않는 길에서 여기저기 부딪치고 깨지며 상처투성이 서른, 그래도 희망은 있었다. 언젠가는 서른의 어설픈 발걸음이 제 길을 찾아내리라는

　어느새 내 나이 예순, 무심코 돌아본 서른은 안개 속에 숨어 보이지 않는다. 언제 그 길을 걸어왔던가, 아니 길이 있긴 했을까. 아무리 생각해도 서른의 치열한 시간은 열매를 맺지 못한 것 같다. 코끝을 맴돌던 연푸른 새싹의 향기는 어디로 갔을까. 꽃을 피우고 씨앗은 맺었는지. 어느 골목에선가 길고양이가 운다.

　서른의 어설픔이 예순까지 이어졌다. 아이가 서른을 상상하지 못하듯이 서른의 나는 예순을 알지 못했고, 예순의 나는 서른의 서투름을 잊었다. 아이도 어른도 아닌 그 애매한 길에 서 있던 나는 누구일까. 예순의 나이에도 숙성되지 않은 채, 머물지 못하는 내가 흔들린다. 여전히 길을 찾지 못하고 배회하면서

생명선

부처님 손바닥 안에서
한 치 앞을 모르고
외나무다리 껑충거리며
바람 많은 길에 선 나그네
등이 구부정하다

아이 낳고 결혼하고 연애하면서
세상 다 가질 줄 알았는데
몸집 키우는 아이들 사이에서
어느 하나 제대로 가져보지 못했다

해 뜨는지 달뜨는지 모르고 걸었는데
한순간 어린아이가 되었다
지금, 이 순간
이생일까 전생일까
어쩌면 다음 생일지도

손바닥에 새겨진 생명선은
무슨 말을 하려는 걸까
삶과 죽음의 경계 그 어딘가
도무지 모를 하루가 눈을 뜬다

생각

딸아이와 걷는 길
생각이 저만치 달려간다

어린 딸의 뺨을 때리던 남자
모른 척 고개 돌리던 여자
붉은 뺨이 보이지 않는
더 작은 남자아이
……
뺨이 붉은 아이 홀로 걸을 때
남 몰래 숨어 있던 생각들
은행나무에 매달려 손 펼치고
바람은 시간의 날개 되어 흐른다

햇살 눈부신 날 엄마가 된 아이
딸의 손을 잡고 길을 걷는다

첫 만남을 앞두고

벽에 매달린 시계가 똑딱
시계 소리 따라 생각이 달려간다.

이제 두 밤만 자면 간다. 아직 손자와의 첫 만남을 앞두고 할머니가 되었다는 실감은 들지 않는다. 주변에 있는 할머니 할아버지들이 너나없이 아들과 손자에 대한 사랑은 다르다고 말한다. 과연 나도 그럴지 궁금하다. 난 어떤 할머니가 될지 조금 두렵다.

며칠 동안 심하게 몸살을 앓고 있다. 팔다리가 쑤시고, 온몸에 두드러기가 나서 연고로 도배하다시피 하고 있다. 어쩌면 손자와의 첫 만남을 위해 나쁜 균을 다 쏟아내려는 건지 모른다. 사실 그건 나의 바람이기도 하다. 낯선 곳에서 태어난 새 생명에게 나쁜 영향은 주고 싶지 않다는 할머니의 작은 소망 말이다.

출발을 앞두고 손자보다 아들이 더 보고 싶은 초보 할머니. 나의 현주소다. 하지만 손자 보면 달라진다는 말을 믿고 싶다. 이번 여행 후 다른 사람이 되었으면 좋겠다. 아들의 엄마에서 손자의 할머니로 변화될 내 모습을 상상해본다.

똑딱똑딱, 이틀 밤만 자면 난 또 다른 역할을 맡게 된다.
잘할 수 있기를….

필리핀에서 봄

새싹을 보러 왔다
한 시간 늦게 뜨는 태양이
봄이란다, 뜨거운 여름 같은데
어떻게 여기까지 왔을까

동그란 눈이 빤히 본다
겨울바람 헤치고 바다 건너온 할머니를
다른 색깔의 물을 먹고 다른 말을 하게 될
다소 엉뚱한 곳에 뿌리내린 아이
한민족의 얼이 스며들까

나도 가만 바라본다
아빠 고향 한국에서는 눈 녹아야
봄이 온다는 걸 새순처럼 여린
너는 언제쯤 알게 될까

당신도 참

꽃 좋아하는 건 어찌 알았을까요
이 겨울 들꽃 한 다발 준비했네요

봄이 봄인 줄 몰랐어요
보릿고개 어찌나 가파른지
숨쉬기 바빴거든요

장대비 쏟아지는 여름날
우산도 없이 달려야 했지요
꽃은 눈에 들어오지 않았어요

가을이라고 뭐 다를까요
다가올 추위에 연탄 걱정하느라
눈물꽃만 사정없이 돋아났지요

무심한 내가 밉지도 않은가 봐요
겨울바람 속에서 들꽃이라니
변함없는 당신 고마워요

문득, 매운바람 속에서
당신 춥지는 않았는지 걱정이네요

문득

한 살이라도 젊었을 때 죽어라 공부할 걸
나이 들어 공부하니 재미있는데 돌아서면 잊는다
면허증 땄을 때 바로 운전할 걸
교통 표지판이 안 보여 걸어 다닌다. 뚜벅이라 다리가 고생한다
진작 수영 배울 걸
물하고 먼 곳에서만 살다 보니 맥주병이다
바다가 좋은데 해변만 맴돈다
아이들을 독립적으로 키우지 말 걸
너무 야무지게 잘 살아서 보고 싶을 때 보기 힘들다
나 자신에게 착하게 대할 걸
내가 있어야 남도 있다는 말, 이제야 조금 알 것 같다
가고 싶은 곳은 바로바로 갈 걸
지금은 너무 쉽게 몸이 백기를 든다
하고 싶은 일을 나중으로 미루지 말 걸
이렇게 금방 늙은이가 될 줄 몰랐다
무엇이든 완벽하게 하려고 몸에 힘주지 말 걸
긴장했던 세포들이 반항해서 이젠 통제 불능이다
더 많이 웃고, 더 많이 사랑하고, 더 많이 움직이고
더 많이 감사하면서 살 걸
남이 나한테 해주길 바라는 것처럼 나에게 친절하게…

제4부 꽃 한 송이 피우는 일

목련나무꽃

감나무 꽃은 감을 낳고
밤나무 꽃은 밤을 낳고
호두나무는 호두를 품고 있는데
목련나무는 무얼 만들려는 걸까

이른 아침 목련나무 꽃이 시끌시끌
창문 열고 내다보니 직박구리 한 마리
가지 붙들고 요리조리 꽃잎 살피다
날렵한 부리로 탁 낚아챈다

아하, 그렇구나
이른 봄 배고픈 새에게
목련 꽃잎은 맛있는 쌀밥이었구나
통통한 꽃잎이 새 입속으로 숨어든다

일기예보

302호 우편함이 소화불량이다
명랑하게 웃는 남자아이
손잡고 다니던 젊은 엄마
보이지 않는다
오늘은 흐림

2층 계단 지나는데
삼겹살 굽는 냄새
302호가 틀림없다
체증이 가라앉았나보다
오늘은 흐리다가 맑음

집에 들어오자마자
거실 창문을 활짝 열었다
고기 굽는 냄새가 좋다
다섯 살배기 개구쟁이
통통 튀는 웃음소리 들린다
오늘은 맑음이다

커피의 길

열다섯 살 커피는
까만 밤 지우는 지우개
입지 못할 옷에 손도장 찍으며
태양을 꿈꾸는 해바라기였다

스무 살에 만난 커피는
반짝이는 쇼윈도에 눈멀고
유리구두 찾아 밤길 걷는
신데렐라의 꿈이었다

마흔 살 커피는
아무도 모르게 마시는 까만 눈물
쉼 없이 돌아가는 톱니바퀴에 끼어
멈춰야 하는 순간을 잊어버렸다

이제 몇 살인지 알 수 없는 커피
스쳐 간 날들을 만화경에 담아
갈 곳도 출발한 곳도 모르게
다만, 향기로 남아 쉬고 있을 뿐이다

꿈은 얼지 않아

얼음은 차가워 보이지
언제 봐도 단단하고 야무져
언젠가 물이었다는 게 거짓말처럼
어디에도 틈은 보이지 않아

원래부터 그런 건 아니었지
얼음이 되기 전엔 부드러웠어
어린아이 볼처럼 말랑했다니까
아무도 믿지 않지만 말이야

여행을 떠나려 했지
얼음이 되기 전, 물이었을 때
구름 비행기 타고 지구 너머까지
아주 멀리 여행하는 꿈을 꾸었어

어느 날 바람이 불었지
어찌나 차가운지 뼛속까지 시렸어
어리바리 하는 사이에 그만 꽁꽁
얼음이 되고 말았어

이제 다시 시작해야지
얼음 속에서도 꿈은 살아있어
어쩌면 긴 시간이 필요할지 모르지만
언제나 그랬듯이 절대 멈추지 않을 거야

한 권의 책

가지 위에 작은 새가 앉아 있다

가로등이 매달린 나뭇가지에서
츠읍츠츱 망을 보고 있다
가느다랗고 도드라진 그 길 위에

푸른 빛깔의 한 그루 책
잎마다 새겨진
핏줄 돌고 돌아
마침내, 하늘에 오르는 파랑의 길

나무는 이파리 하나둘 내리며
길 묻는 이에게 답하는데
알아듣는 이 하나 없어
작은 새는 그만 안절부절

이파리에 새겨진 길을 새가 쪼아대고
고양이가 기대고 강아지가 쓰다듬고
달님이 잠시 머물다 가는

그 길이 흔들린다

갈증

힘주어 문지르자
지우개 똥 같은
찌꺼기가 밀려 나온다

길들여진 개는 개가 아닌 걸
물속 깊은 곳
저 얼굴은 누구일까

숨을 헐떡이며 달려들어도
채워지지 않는 갈증
목이 탄다

그림자 삼킨 호숫가
민들레꽃 하나
우두커니
팔랑거리는 나비를 본다

물 먹은 하늘이 흔들린다

물음표

낯선 바닷가에서 파도에 휩쓸려온
나무토막 하나 주워 왔다

껍질 벗겨 뽀얀 속살 살살 달래가며
구부러진 외다리에 점찍어
물음표 하나 깎았다

속살 깊이 박혀 있는 별 다치지 않게
그리움 한 줌 눈물 한 수저 얹어
예쁘장한 물음표 하나 만들었다

밤하늘 별들이 속삭이고
눈썹달 뜬, 바람 불어 좋은 날
먼 바다로 물음표 돌려보냈다

물음표가 된 나무토막
바닷물에 흔들리며 알게 될까

어째서 세상은 어지러운 건지
어쩌다 정처 없이 떠돌아야 하는지
어떻게 멀쩡히 잘들 살아갈 수 있는지

기차 시간

국화꽃 치마 입고
단상 위에 앉은 친구
말갛게 웃고 있다

기차 바퀴는 돌아가고
오래된 침목 사이
날카로운 돌멩이들
분진 같은 소리를 삼킨다

어미 잃은 자식 혼절하고
짝 잃은 남자 표정 없는 장례식장
까마귀 같은 손님들 까악 깍
망자의 발자국을 쪼아댄다

함께 있어도 알지 못했던
네 안의 그 많은 사리들
가만 손 내밀어 쓸어본다

너에게 가는 기차 시간
얼마나 남았을까

이번 역은 가을입니다

세차게 내리는 비가
먼데 아주 먼 데
두고 왔던 응어리
말끔히 씻어냅니다

쏟아지는 낙엽이
먼 날 아득히 먼 그날
동동거리던 작은 아이
포근하게 감싸주네요

앙금앙금 오르던 언덕길
아비 손가락질하고
어미 희롱하던 사람들
말끔히 지워버리는 자연의 신비

가을 역에 도착하고 보니
이제 알 것 같습니다

인생길 참 재미있다는 걸 말입니다

바람이 차네요

곧 겨울이 오겠지요

연탄도 쟁이고

김장도 해야겠어요

당신 오시는 날

따듯한 밥상 차려야 하니까요

눈 내리는 날

눈이 세상 구경 나왔다

나무에 앉으면 푸른 잎 되고
풀잎에 누우면 꽃이 필 텐데
호수라면 피라미와 수영하고
개구리알도 만나 친구 할 텐데
마음이 바빴나 보다

추운 날 신발도 안 신고
하얀 날개옷 하나 입고
서둘러 내려온다

앗! 차가워

눈 구경 나온
우리 강아지 발 시리다고
왼발 오른발 숨 가쁘게 껑충거린다

정원

그 정원은 까맣다
까맣고
더 까맣고
아주 까만
흑색 꽃들이 피어 있는 곳
꽃대도 이파리도 꽃술도
찾아오는 나비도 벌도
햇빛과 바람까지도
온통 까아만

발끝에서 놀던 까망
종아리 타고
허벅지와 엉덩이 지나
허리와 가슴, 손끝까지
야금야금
목덜미는 어쩔까, 고민하다
그냥 항복하고 말았다
혼자 고고할 수 없어, 얼굴도
입술 굳게 닫고 눈 질끈 감았다
머리카락 끝까지 그렇게

어둠 속에서 시간이 까맣게 익어 갔다

아주 오래

어느 날 금빛 햇살이 다가올 때까지

소금

땡볕에 몸 굴리며
소금이 되었다

어미라는 이름 받아
짠 내 나는 눈물 감추고
얼마나 걸었을까

내 아이
귀한 소금 되라고
요양원에서 중얼거리는 여인

이름값 아직
남아있나 보다

길을 걸으며

숨바꼭질한다
천둥 번개 우르르 쿠르르
먹잇감 찾는 눈 피하려
꽃밭으로 더듬거리며

딸꾹질한다
쪼그라든 심장에 펌프질하고
간장 같은 어제 휘휘 저어
들이키다 콜록대며

꾸벅꾸벅 절한다
다시 살아난 햇살과
떠나지 않는 그림자에게
추레한 영혼 다독이며

날마다 다짐한다
웃자란 두려움 솎아내고
조금은 여물어진 마음으로
소풍길 마치길 바라며

한달살이
-필리핀에서

이층 내가 머무는 방
화장실과 샤워실
침대와 나만을 위한 책상
탁상용 조명과 제법 큰 책장
심지어 드레스 룸까지 있다
썩 마음에 드는 공간이다

이 집은 두 세계의 경계에 서 있다
왼쪽은 잘 가꾼 정원이 있고
새와 고양이 그리고 모기가 산다
오른쪽은 필리핀 현지인 구역
새벽같이 닭이 울고 염소가 운다
왼쪽 도로는 외지인인 내가
오른쪽 길은 현지인들이
철조망을 사이에 두고 걷는다
통하지 않는 현지인과 외지인
그 둘 사이엔 제법 쓸 만한 장치이다

오른쪽 창문으로 내다보면
빨갛고 파란 트럭이 수시로

앞대가리를 번쩍 들어 올리며
금세라도 로봇으로 변신할 것 같다
왼쪽 침대에 앉아 내다보면
아령 들고 팔 흔드는 아가씨와
작년에 만났던 날렵한 아저씨가
하얀 이 드러내고 손 흔들며 지나간다

고개 숙여 인사하며 생각해 본다
아들이 만들어 놓은 미래에서
내가 걸어갈 길이 있는지
내 손으로 만들어갈 것은 무엇인지

눈만 마주치면 웃는 아이가 싱그럽다
손자와 함께하고 싶은 욕심이
모락모락 키를 키운다

그럼에도,
노력하지 않고 얻은 것이 언제 있었던가

스노우볼

둥근 원 속에 나를 심기로 했어
딱딱한 뿌리 밑에 아주 깊이
화끈거리는 뺨과 시린 마음까지
시간은 동그랗게 나이테를 그렸어

투명한 원 안에 눈이 내리고 있어
바람은 휘구르르 동그랗게 불고
나무 한 그루 하얀 옷을 입고 있었지
어쩐지 내 모습 같아 눈이 동그래졌어

늦은 밤 혼자 눈을 맞았어
뺨을 야무지게 맞은 날이야
눈송이들이 차갑게 다가왔지
지구는 동그랗게 돌고 어지러웠어

불 꺼진 집은 코를 골고 있어
하나둘 소리 없이 내리는 눈은
눈동자에 기대어 스르륵 녹았지
영원처럼 길고 가는 시간이 흘렀어

인터뷰

빨간 꽃잎에 구름 한 점 앉으면
저런 색일까
꽃 한 송이 음전하게 피어 있다

교교한 달빛 아래 잠 못 이루고
불같은 마음 한 구절 바늘귀 꿰어
원앙침구에 한 땀 한 땀 별 새기며
알지 못할 신랑 얼굴 상상하느라
불쏘시개가 된 별당 큰애기
그 설렘이 꽃 되었을까

진홍빛 달보드레한 향기에
용기 내어 물어보았다

'어쩌자고 그리 예쁜 거니'
꽃이 대답한다
"시간이 많이 필요한데 괜찮니?"
고개 끄덕여 대답했다 괜찮아 얼마든지
그때부터 시작이었다

모과꽃 긴긴 이야기
한여름 달궈진 길에서 자박자박 걷던 순간들
몇 날 며칠 쏟아지는 빗줄기에 하릴없이 잦아들다가
가을날 손 흔드는 빨간 단풍잎 하나둘 책갈피 하던 이야기
긴 겨울 변변한 입성도 없이 칼바람에 웅크릴 때
꽁꽁 언 발가락에 오줌 누는 강아지 흘겨보던 일

……

그 많은 일 어찌 지나왔느냐 물으니
모과꽃 볼을 붉게 물들이며 답한다
"꽃 한 송이 피우는 일이 그렇더라고"

카르마

오늘 커피를 마신다면
보고 싶은 이와 다정하게
혹은 싫은 사람이라도
바람 부는 언덕에서

우리, 어떤 인연이었을까

착한 일을 하나 했다
나쁜 짓은 두 가지
카르마는 어떻게 될까
답은 말을 아낀다

언제나처럼

내가 하는 몸짓
꽃으로 피어난다면
잠시 스쳐 간 순간들은
무엇으로 다시 피어날까

작품 해설

무뎌진 감각과 그 회복을 향한
역동적 힘의 추구

송기한(문학평론가, 대전대 국문과 교수)

무뎌진 감각과 그 회복을
향한 역동적 힘의 추구

1. 자아에 대한 실존적 물음들

 하희경의 『시간 너머 어딘가에』는 시인의 세 번째 시 모음집이다. 첫 시집 『기차와 김밥』이 2022년에, 『돌아오지 않는 시』가 이미 2023년에 상재된 까닭이다. 2022년에 첫 시집이 출간되었다는 사실에서 알 수 있는 것처럼, 하희경은 늦깎이 시인이다. 그런데 불과 3년이 되지 않은 짧은 시간에 시집 세 권과 수필집 한 권을 세상에 펴낸다. 이는 시에 대한, 문학에 대한 시인의 치열한 열정 없이는 이루어질 수 없는 것이라 할 수 있다.
 시인이 아무런 자의식 없이 자신의 사유를 드러내는 담론, 혹은 세상을 향한 담론들을 이렇게 열정적으로 풀어내지는 않는다. 거기에는 분명 어떤 필연적인 이유가 잠재되어 있을 터인데, 시인의 작품을 꼼꼼히 읽게 되면, 시인이 뿜어내는 언어의 현란한 춤들이 어디에 뿌리를 두고 있는 것인가를 어렴풋하게나마 짐작하게 된다. 그것은 다름 아닌 인간의 숙명과도 같은 존재론적인 문제들이다. 아니 보다 정확하게는 실존과 얽혀있는 존재론이라고 하는 것이 사실에 가까운 것처럼 보인다. 시인의 작품에서 존재란 무엇인가 하는 물음들이 본질을 묻는 형이상적인 영역과는 어느 정도 거리를 두고 있기 때문이다. 그 하나의 예증이 되는 작품이「서른 그리고 서른」이다.

    내 나이 서른, 예순은 알 수 없는 미로였다. 하나에서 열까지 서툴게 길고양이와 함께 걷던 길. 다다를 수 없는 아득함이 끝없이 이어지고 있었다. 앞이 보이지 않는 길에서 여기저기 부딪치고 깨지며 상처투성이 서른, 그래도 희망은 있었다. 언젠가는 서른의 어설픈 발걸음이 제 길을 찾아내리라는

    어느새 내 나이 예순, 무심코 돌아본 서른은 안개 속에 숨어 보이지 않는다. 언제 그 길을 걸어왔던가, 아니 길이 있긴 했을까. 아무리 생각해도 서른의 치열한 시간은 열매를 맺지 못한 것 같다. 코끝을 맴돌던 연푸른 새싹의 향기는 어디로 갔을까. 꽃을 피우고 씨앗은 맺었는지. 어느 골목에선가 길고양이가 운다.

    서른의 어설픔이 예순까지 이어졌다. 아이가 서른을 상상하지 못하듯이 서른의 나는 예순을 알지 못했고, 예순의 나는 서른의 서투름을 잊었다. 아이도 어른도 아닌 그 애매한 길에 서 있던 나는 누구일까. 예순의 나이에도 숙성되지 않은 채, 머물지 못하는 내가 흔들린다. 여전히 길을 찾지 못하고 배회하면서
                                                  -「서른 그리고 서른」 전문

이 작품은 시인이 걸어온 길을 존재의 문제와 결부시켜 풀어낸 시이다. 물리적, 혹은 사실적 연대기에 의하면 서정적 자아는 이순에 가까운 듯 보인다. 이순이란 귀가 순해진다는, 논

어에 나오는 말인데, 타자의 말이 자아를 거슬리거나 자아의 말 또한 타자의 귀에 거슬리지 않는다는 의미를 갖고 있다. 말하자면, 지금까지 걸어온 자아의 행보가 어느 정도 자리를 잡게 된다는 뜻이 담기게 된다. 자리가 정해졌다는 것은 자아의 나아갈 길이 어느 정도 자리 잡았다는 것, 곧 굳어졌다는 의미라 할 수 있다.

하지만 이순의 나이가 되어도 서정적 자아는 여전히 십자로에 서 있다. 생물학적 나이와 그것이 주는 형이상학적 의미가 하나의 지점으로 합쳐지지 않고 여전히 평행선을 긋고 있다는 뜻이다. "여전히 길을 찾지 못하고 배회한다는 것"은 자아가 걷는 길이 안개 속에 놓여 있음을 말해주는 것이다. 실상 자아가 세상으로 나아가는 길, 그러한 세상 속에서 자아의 안온한 실존을 구하는 길, 그리하여 존재란 무엇인가 하는 근원적 물음들은 시인에게 지금 이곳에서 문득 생겨난 것이 아니다. 그러한 물음들은 이미 지나온 30여 년 전부터, 아니 서정적 자아가 세상에 기투 된 순간부터 시작된 것이기 때문이다. 그리하여 이 물음에 대한 해법을 찾기 위해서, 그리고 자아의 불안한 실존을 승화시키는 매개를 찾기 위해서 자아는 '보이지 않는 어둠'을 헤치면서, 그 너머의 저 아득한 곳에 있을법한 '빛'을 향해서 가열 찬 서정의 열정을 토해냈던 것이다.

그런데 이런 열정에도 불구하고 자아 앞에 놓인 어둠은 쉽게 걷히지 않았다. 그리하여 지나온 30년은 자신의 기억에서 지우고 다가올 30여 년의 세월에 다시 한번 희망을 걸어본 것이다. 서른에 형성된 '어설픈 걸음을 내디디면서' 말이다. 하지만 다가온 세월도 십자로에 서있는 자아에게 여전히 '희망'의 길을 제시하지 못한 것처럼 보인다. '서른의 서투름'에서 시작된 정서가 다가온 '서른의 서투름'으로 연결되고 있었기 때문이다.

    부처님 손바닥 안에서
    한 치 앞을 모르고
    외나무다리 껑충거리며
    바람 많은 길에 선 나그네
    등이 구부정하다

    아이 낳고 결혼하고 연애하면서
    세상 다 가질 줄 알았는데
    몸집 키우는 아이들 사이에서
    어느 하나 제대로 가져보지 못했다

    해 뜨는지 달뜨는지 모르고 걸었는데
    한순간 어린아이가 되었다
    지금, 이 순간
    이생일까 전생일까
    어쩌면 다음 생일지도

    손바닥에 새겨진 생명선은
    무슨 말을 하려는 걸까
    삶과 죽음의 경계 그 어딘가
    도무지 모를 하루가 눈을 뜬다

                            -「생명선」 전문

스스로의 힘에 기대어 자아란 무엇인가, 혹은 인생이란 무엇인가에 대한 명확한 해법을 찾지 못할 때, 흔히 기울게 되는 행로 가운데 하나가 절대자, 곧 신에게 기대는 것이다. 신이 갖고 있는 절대적인 힘에 의지하는 것은 자아가 스스로 조율해서 자신의 나아갈 길을 잃었을 때 생겨난다. 인용시가 말하고자 하는 것도 이 부분이다.

서정적 자아는 「서른 그리고 서른」에서 "나는 누구"이고, "예순의 나이에도 숙성되지 않은 채, 머물지 못하는 내가 흔들리는" 상황에 대해 적절히 응전하지 못한 채 그저 의미 없는 기표의 흐름 속에 갇힌 상태에 놓여 있다. 시인에게는 이제 이런 한계 상황을 극복하기 위해서 새로운 인식성이 필요해진 순간이 되었다. 그 모색의 결과 시인에게 새롭게 다가온 것이 '생명선'이다. 손바닥에 놓여 있는 긴 선이 생명선이라고 알려져 있지만, 흔히 이는 운명선이라고 불리운다. 운명이란 이미 정해져 있는 것이어서 일상에서 쉽게 변하지 않는다고 한다. 그런 함의를 담고 있는 것이기에 자아가 욕망하고 있는 것은 분명하다. '자아란 무엇이고', '예순의 나이에도 여전히 흔들리는' 상황에 대한 방향성에 대해 알고 싶은 것이다.

물론 자신에게 정해져 있는 이런 운명선에서 어떤 긍정적인 해법을 구하고자 하는 의도가 있는 것이라고는 볼 수 없을 것이다. 자신 앞에 놓인 일상이 긍정적인 것이든, 혹은 부정적인 것이든 선택의 문제가 중요한 것은 아니기 때문이다. 이미 정해져 있다는 것, 그 불변의 고정성, 혹은 영원성이야말로 방황하는 자아의 일시성, 순간성을 초월케 하는 수단일 것이다. 그럴 경우 자아의 정체성이나 방황은 장렬하게 끝맺음되는 것도 가능할 것이다.

2. 세상과 자아 앞에 놓인 벽들

하희경 시인의 작품들은 일상과의 긴밀한 대화 속에서 형성된다. 그렇기에 시인의 작품들은 읽는 독자들과 비교적 넓은 공감대를 형성하게 된다. 시인은 외부와 고립된 자아의 문제들에 대해서는 비교적 거리를 두는 편이다. 시인의 작품들이 독자와의 공감의 여울을 크고 넓게 만드는 것도 이 때문이라 할 수 있다.

일상은 현실적인 감각이 지배하는 공간이다. 관념이라든가 형이상학적인 문제와 같은 초월의 영역보다는 지금 여기에 상존하는 자신의 문제, 혹은 우리들의 문제가 지배하는 영역이다. 그러한 까닭에 자아란 무엇인가에 대한 시인의 물음이 일상에 뿌리를 두게 된다. 이를 대표하는 시가 「벽」이다.

꿈 많은 소녀가 여인이 되면
어미의 희생은 당연하다는
신화에 길들여진 사람들
쇠사슬 소리 요란하게

숨통을 조여온다

다른 세상에 사는 남편
독불장군 같은 자식들
옴치고 뛸 재주 없는 여자는
가난으로 빛바랜 모성을 들고
하늘 아래 고개를 들지 못한다

순종이 미덕이라 배운 여자에게
무심하게 다가오는 손가락
가시 돋친 말들이
넘을 수 없는 벽을 만든다

-「벽」전문

이 작품은 일상 속에서 형성된 자아의 정체성이 무엇인지 잘 말해주는 시이다. 서정적 자아는 여성인데, 화자를 여성적 주체로 내세운 것에는 그만한 이유가 있다. 우리 사회에서 여성에게 붙여진 레테르, 곧 신화라는 불변의 화석으로 남아 있다. "어미의 희생은 당연하다"는 고정 관념이다. 이를 고정 관념이라 했지만, 실상 시인의 표현처럼, 요즈음의 현실에서는 받아들여지기 어려운 낡은 신화일 뿐이다. 하지만 무언가 수용되기 어려운 것이라고 해도 이 신화적 관념이 요즈음 일상에 부합하는 관념 속에서 소멸되는 것은 쉬운 일이 아니다. 그 어려운 실타래가 자아에게 스며들어와 자아 스스로가 잘못된 신화의 주인공으로 전락했다는 것, 그것이 이 작품의 내포이기 때문이다.

한번 만들어진 신화는 자아의 주변에서 종결되지 않고 계속 생명을 유지한 채 퍼져나간다. 그러한 확산은 자아를 실존의 감옥으로 몰아넣는 주요 근거 가운데 하나가 된다. 자아 주변에는 "다른 세상에 사는 남편"이 있는가 하면, "독불장군 같은 자식들"로 둘러싸여져 있는 까닭이다. 그러한 고립주의가 낳은 결과가 무엇인가에 대해 굳이 의문 부호를 남길 필요는 없어 보인다. 잘못된 고정관념이 만들어낸 신화의 또 다른 연속은 끊임없이 이어지기 때문이다.

연속은 시간성과 계기성을 갖는 것이기에 결코 중단되지 않는다. 그 중단 없는 신화 속에 여성성은 결코 수면 위로 떠오르지 못한다. 그 잠들어 있는 상태, 그것이 곧 벽을 만들어낸다. 지금 서정적 자아는 움직일 수 없는 환경, 신화가 만들어낸 고정 관념 속에서 나아갈 방향을 상실한 상태이다. 어찌할 수 없는 현실의 벽, 신화의 벽, 실존의 벽 속에서 갇혀 있는 까닭이다. 자아는 벽으로부터 자유롭고 싶어 한다. 하지만 시간의 견고함 속에서, 혹은 관념의 적층 속에서 형성된 신화의 벽을 넘기란 실로 난망한 일이다. 그렇다고 포기할 수 있는 영역도 아니다. 그러한 벽으로부터 탈출하고자 하는 욕망이 강렬히 솟아날 수밖에 없었던 것, 그리고 그러한 동기가 이번 시집의 전략적 이미지가 되었거니와 "자아란 무엇인가"를 묻게 된 근본 계기 가운데 하나가 되기도 했다.

낯선 바닷가에서 파도에 휩쓸려온

나무토막 하나 주워 왔다

껍질 벗겨 뽀얀 속살 살살 달래가며
구부러진 외다리에 점찍어
물음표 하나 깎았다

속살 깊이 박혀 있는 별 다치지 않게
그리움 한 줌 눈물 한 수저 얹어
예쁘장한 물음표 하나 만들었다

밤하늘 별들이 속삭이고
눈썹달 뜬, 바람 불어 좋은 날
먼 바다로 물음표 돌려보냈다

물음표가 된 나무토막
바닷물에 흔들리며 알게 될까

어째서 세상은 어지러운 건지
어쩌다 정처 없이 떠돌아야 하는지
어떻게 멀쩡히 잘들 살아갈 수 있는지

-「물음표」전문

　고정 관념이 만들어낸 신화의 부정적 국면은 자아 주변에서 그치지 않고 점점 확대된다. 개인적인 차원이 아니라 사회적인 차원으로 그 외연을 확장시켜 나가게 되는데, 이는 시인의 시들이 개인의 영역을 벗어나는 계기가 된다.
　「물음표」의 자아는 지금 바닷가에 있다. 거기서 그는 나무토막 하나를 주위 물음표를 새긴다. 이 되새김질이 의미하는 바는 자명하다. 끊임없는 탐색의 과정에서 여전히 얻어지지 못한 '자아란 무엇인가'에 대한 해법을 얻기 위해서이다.

여기서 물음표란 자아를 규정짓는, 아니 규정지을 것이라고 믿어지는 판도라의 상자와 같은 것이다. 이 상자가 바닷물에 의해서, 구체적으로 말하면, 그 흔들림에 의해 깨지기를 희망하게 되거니와 그 물음표에서 적절한 답이 나올 것인가. 그렇다면 그것은 과연 무엇일까. 그리고 그것이 자아의 정체성이 무엇인지 일러줄 수 있는 단서가 되는 것일까. 그러한 의문의 꼬리들이 보다 구체화되어 나타난 것이 마지막 연이다. "어째서 세상은 어지러운 건지", 혹은 "어쩌다 정처 없이 떠돌아야 하는지", "어떻게 멀쩡히 잘들 살아갈 수 있는지"에 대한 의문형들이 바로 그것이다. 여기에 이르게 되면, 시인의 서정의 폭은 넓고 크게 울려 퍼지게 된다. 자아의 정체성을 물어왔던 그의 의문들이 세상과 교합되면서 서정의 음역이 크게 확대되는 까닭이다. 이는 시인의 작품이 서정의 작은 테두리를 벗어나게 하는 근거가 된다고 할 수 있다.

흐린 오후를 새가 주름잡는다
애써 만든 둥지 놓아둔 채
어디로 가는 걸까

낮은 산과 더 낮은 나무 밟고
점점 낮아지는 하늘 받들어

느릿느릿 자맥질한다

　　땅이 바다였을 때
　　날치였을지도 모를 작은 새
　　쉬지도 않고 무엇을 향해 가는 걸까

　　달려가도 달아나도
　　끝내 그 하늘 아래인 것을
　　알지 못하는 날개, 낮과 밤을 가른다
　　　　　　　　　　　　－「시간 너머 어딘가에」 전문

　이렇듯 서정적 자아가 탐색하는 것은 분명하다. 자아를 위한 것들이 일상 너머, 혹은 현실 너머에 있을법한 것들을 찾기 위해서 말이다. 시간 너머의 저편에 존재하는, 자아의 완결성을 실현시켜 주는 것들 향해서 계속 그리움을 표명하는 것이다.

3. 생동력 있는 삶을 위하여

　자아를 향한, 그리고 세상을 향한 의문의 부호를 던졌지만, 자아에게 전해오는 반향은 거의 없었던 것처럼 보인다. 세상은 무딘 채 던져져 있었고, 자아의 감각 또한 생기를 잃고 있었기 때문이다. 이를 적극적, 혹은 능동적으로 받아들이게 되면, 자아가 그 늪에서 빠져나오기란 난망한 일이 된다. 그러한 상태가 자아에게 어떤 결과를 가져올지 알기에 자아를 향한 물음들, 세상을 향한 의문들은 결코 포기될 수 없는 것이었다.

    참 길다

    빈둥거리며 마시는 하루가
    인스턴트 커피는 까맣게 말라가고

    다정했던 바람 언제 적 일인지
    인사도 없이 휘릭 날아간다

    새소리도 들리지 않는 오늘
    종일 애를 태운다
    어째 이리 긴지

    청소하고 빨래 널고 텔레비전도 봤지만
    책 안 보고 글 안 쓰기로 한 하루

    너무 길다
                                      -「안과 가는 날」전문

  안과는 보는 것, 혹은 보이는 것과 관계된다. 시야가 확보되지 않으면, 자아를 향한 것들, 사물들의 본질이 무엇인지 자각해낼 수가 없다. 그러한 상황이 서정적 자아를 답답하게 한다. 이런 상황은 어쩌면 물음표와 같은 영역에 놓이는 것인지도 모른다. 무언가 쉽게 감각될 수 있으리라 기대하지만 세상은,

육신은 자아에게 명쾌하게 답을 주지 않는다.

「안과 가는 날」이 말하는 내포는 이런 갑갑한 현실이 엉겨서 만들어진다. 자아가 무엇이고 세상이 무엇인지 뚜렷이 알 수 없지만, 보이지 않는 미로를 향해서 감각의 촉수들을 계속 드리워야 한다. 하지만 세상과 육신은 이를 허락하지 않는다. 감각이 전해지지 않는 까닭이다. 하지 못하게 하는 현실과 반드시 해야만 현실 사이의 여백이 자아를 또 다른 감옥으로 밀어 넣는다. 그것이 지루한 시간의 확장으로 이어지는 것은 당연할 것인데, "새소리도 들리지 않는 오늘/종일 애를 태운다/어째 이리 긴지"하는 정서가 생겨나는 것은 이 때문이다. 자아 속에서 시간이 팽창되는 것은 자아에 갇힌 욕망이 발산되지 않은 까닭이다. "책 안보고 글 안 쓰기로 한 하루"가 이런 상황을 만든 것이다. 세상으로 나아가는 통로를 상실하게 되면, 자아 탐색은 한 발자국도 나아가지 못하는 절망적인 상황이 만들어진다.

당신 아픈가 봐요

건드리기만 해도
스치기만 해도
바라만 봐도
신음소리 절로 나오니 말이에요

누군가 말하길
아픔을 안다는 건

살아 있다는 증거라네요

　그래서일까요?
　나도 좀 아파요

-「동 행」전문

　이 작품은 감각, 보다 구체적으로 통증의 이미지를 다루고 있다. 감각은 일차적 이미지에 속하거니와 만약 감각이 없다면, 개체는 생명이 없는 거나 마찬가지이다. 일찍이 이 감각을 활용하여 생명체의 부활을 노래한 시인으로 김소월을 들 수 있다. 이를 대표하는 시가「여자의 냄새」인데, 소월은 이 작품에서 "붉은 구름의 옷 입은 해의 냄새/아니 땀냄새, 때의 냄새"를 감각하며 "냄새 많은 그 몸이 좋습니다"라고 했다. 냄새, 곧 후각적 이미지를 감각할 수 있다는 것은 생명이 있기에 가능한 정서이다. 소월은 감각의 부활을 통해서 무덤으로 인식되던 조선을 생명체가 있는 실체로 인식하고자 했다. 이것이 곧 조선심이나 조선혼의 부활이거니와 애국심의 발로였던 것이다.

　감각을 통한 생명체의 부활은 하희경 시인에게도 소월과 같은 동일성의 차원에 놓인다. "아픔을 안다는 건/살아있다는 증거라네요"라고 인식하기 때문이다. 그런 맥락에서 여기서의 아픔은 두 가지 의미를 내포한다. 하나는 물리적인 국면이고, 다른 하나는 정신적인 국면이다. 하지만 이렇게 두 갈래의 길로 나뉘어져도 그 함의는 하나로 귀결된다. 갇혀있는 자아를 감각의 자극을 통해서 해방시키고자 하는 의지가 내포되어 있는 까닭이다.

　시인은 자신의 정서를 갇힌 상태로 방치하지 않으려 시도한다. 만약 그러했다면 자아란 무엇인가 하는 여정은 더 이상 진행될 수 없었을 것이다. 그런 불활성의 상태를 포기할 수 없었기에 서정적 자아는 통증을 느껴야 했고, 이를 바탕으로 새로운 여정으로 나아가야 했다. 시인이 이 작품의 제목을 '동행'이라 한 것도 이와 무관하지 않은 경우이다.

　　문득 폭포를 생각한다
　　저 높은 곳에서 세상을 향해
　　작은 물방울들이 한데 모여
　　땅으로 쏟아져 내리며
　　목이 터져라 외친다

　　거침없는 물줄기에
　　남은 생 맡길 수 있다면
　　죽지 않으려고 살아온 날들이
　　새 힘을 얻을지도 모르겠다
　　산다는 것의 그 치열함을 다시 맛보고 싶다

　　물 만난 고기처럼
　　팔딱거리는 순간 언제였는지
　　어쩌면, 웅장하지 않아도
　　이름 하나 남기지 않아도
　　잘 살았다고 알려줄지도 모른다

폭포를 보러 가야겠다
         -「폭포」전문

    일상에서 가장 활기찬 것 가운데 하나가 폭포가 주는 역동적 이미지일 것이다. 따라서 감각을 통해서 건강한 생명력에 대한 갈증을 드러낸 시인이 '폭포'의 상상력으로 나아간 것은 지극히 자연스러운 행보라 할 수 있다. 폭포 속에서 연상되는 것이 '거침없는 물줄기'이고, 그 줄기가 함의하는 '쏟아져 내리는 저돌성'이 상상되기 때문이다.
    감각이 무뎌진 상태에서 서정적 자아에게 가장 필요한 것은 이를 회복하고 자기화하는 일일 것이다. 3연에 표명된 일련의 기대치들은 모두 이런 욕망으로 형성된 것들이다. 폭포를 그리워하고 이를 내적 욕망에 덧씌우고자 한 의도 또한 이와 무관하지 않다. 가령, "물 만난 고기처럼/팔딱거리는 순간 언제였는지", "어쩌면, 웅장하지 않아도/이름 하나 남기지 않아도/잘 살았다고 알려줄지도 모른다"는 희망의 메시지가 그러하다.
    활력 있는 삶이야말로 밀폐된 삶, 구속된 삶의 상대적인 자리에 놓이는 정서이다. 그러기 위해서는 무딘 감각이 깨어져야 한다. 이런 맥락에서「폭포」가 시사하는 인식성은 매우 크다고 할 수 있다. 거침없이 쏟아지는 힘이야말로 무뎌진 감각을 치유하고 자아에게 생의 긍정적 에네르기를 부여해주기 때문이다.

4. 공존을 향한 거대한 발걸음

서정적 자아의 주변을 두텁게 감싸고 있던 외피가 벗겨지면서 이제 자아는 새로운 단계로 나아갈 수 있는 계기를 마련하게 된다. 무뎌진 감각이 살아나고, 생의 활력이 느껴지면서 자아는 이제 새로운 무대의 주체로 우뚝 설 수 있는 몸가짐을 갖출 수 있게 되었기 때문이다. 수면 아래에 놓여 있는 자아가 새로운 외피를 갖추면서 이전과는 다른 주체로 새롭게 탄생한 것이다.

> 햇살 체에 걸러 부드럽게 풀어주고
> 빗방울은 동글동글 둥글리고
> 춤추는 바람 안무하고
> 가냘픈 몸으로
> 힘든 내색 하지 않고
> 까만 밤이 무섭다고 우는
> 풀벌레까지 등에 업어 달래느라고
>
> 눈코 뜰 새 없이 바쁘다
>
> —「풀잎의 하루는」 전문

'풀잎'은 자아의 은유 내지는 치환이다. '풀잎'은 자신을 둘러싼 환경으로부터 고립된 존재가 아니다. 그것은 이제 활력이 있는 존재, 타자와 함께 할 수 있는 존재, 그리하여 그들과 하나의 공동체를 이룰 수 있을 만큼 열린 존재이기 때문이다. 그러한 풀잎이 할 수 있는 일은 제한적이지 않고 여러 가지 방향으로 개방되어 있다. 가령, "햇살 체에 걸러 부드럽게 풀어주"거나 "빗방울은 동글동글 둥글리고", "춤추는 바람 안무하고", "가냘픈 몸으로 힘든 내색 하지 않고", "까만 밤이 무섭다고 우는/풀벌레까지 등에 업어 달래는" 일까지 수행하는 까닭이다. 말하자면, 자신을 둘러싼 모든 대상들의 행위에 간섭하고, 그들이 자신들만의 고유한 역할을 할 수 있도록 도와준다.

'풀잎'의 이러한 행위는 순수하고 경우에 따라서는 동화적이기까지 하다. 따라서 이는 순수성의 한 자락에서 이해할 수도 있고, 분주한 일상에서 자신만의 고유한 역할을 수행하는 정체성의 맥락에서 이해할 수도 있다. 그 어떤 것이든 이 작품의 핵심 기제는 마지막 연이다. "눈코 뜰 새 없이 바쁜" 자아의 정체성이 표나게 드러난 까닭이다. 바쁜 것은 대상과의 아름다운 공존에 놓여 있다는 것이고, 그 관계 속에서 자신의 역할이 존재한다는 것이다. 역할이 있다는 것은 방관하겠다는 것이 아니고 실제로 참여한다는 것이다. 그러니 바쁜 것이다. 이런 활력 있는 일상이야말로 시인이 꿈꾸었던 이상일 것이다. 그 건너편에 놓여 있는 무기력한 자아나 무뎌진 감각으로는 결코 수행할 수 없는 영역이다.

은이가 상추를 주었어

부지런히 먹을 거야

   이 작은 상자에서
   넓은 세상으로
   성큼성큼 나갈 거니까

   그래도 어쩐지
   혼자는 좀 무서워
   친구를 만드는 중이야

   둘이 함께라면
   뭐든지 할 수 있을 테니까
   　　　　　　　　　　-「달팽이의 하루」 전문

 서정적 자아가 바쁜 일상에 적극적인 주체로 설 수 있었던 것은 공존을 향한 윤리의식이 있었기에 가능한 것이었다. 만약 고립된 자아라든가 혹은 그러한 상태에 머무는 것에 대해 하등 불만이 없었다면 이런 적극적, 능동적 포오즈는 불가능했을 것이다. 공동체라는 것을 뚜렷이 응시하고 이를 자기화할 수 있어야 비로소 가능한 행위이다.「달팽이의 하루」가 말해주는 것도 이 부분이다.

 이 작품에서 달팽이는 이타적인 존재가 아니다. 그것은 이를 부양하는 주체가 있을 경우에 비로소 자신의 존재라든가 역할을 부여받을 수 있기 때문이다. 그 첫 단추가 자신을 가두고 있던 상자에서 벗어나는 일이다. 이는 마치 실존주의자들이 흔히 묘파했던, 실존을 향한 거대한 행보와 비슷한 경우이다. 하나의 개체가 실존의 바다에 정착하기 위해서는 자신만의 고유한 능력으로는 부족하다. 달팽이가 친구를 만드는 것도 이와 무관하지 않다. 이렇게 함께 하는 존재가 생겨나게 되면 자아는 자신 앞에 놓인 어떠한 일이나 상황도 초월할 수 있는 힘을 얻게 된다. "둘이 함께라면/뭐든지 할 수 있을 것"이라는 자신감, 현실에 대한 적극적 응전의 태도가 나오는 것이다.

    302호 우편함이 소화불량이다
    명랑하게 웃는 남자아이
    손잡고 다니던 젊은 엄마
    보이지 않는다
    오늘은 흐림

    2층 계단 지나는데
    삼겹살 굽는 냄새
    302호가 틀림없다
    체증이 가라앉았나보다
    오늘은 흐리다가 맑음

    집에 들어오자마자
    거실 창문을 활짝 열었다
    고기 굽는 냄새가 좋다
    다섯 살배기 개구쟁이
    통통 튀는 웃음소리 들린다
    오늘은 맑음이다

                                  -「일기예보」 전문

이 작품은 자아의 주변에서, 아니 일상의 현실에서 흔히 볼 수 있는 풍경을 일기예보에 비유한 작품이다. 이와 비슷한 상상력을 보여준 사례가 있는데, 1930년대 김기림의「기상도」이다.「기상도」와 마찬가지로「일기예보」의 서정적 의장 역시 일종의 응시와 같은 감각적 이미지에서 구성되고 있는 것이다.

  이 작품의 서사는 이렇게 구성된다. 명랑하게 웃거나 손잡고 다니던 젊은 엄마가 보이지 않으면 "오늘은 흐리"다. 하지만 '흐린' 상황은 곧바로 반전되는데, 바로 고기 굽는 냄새에 의해서이다. 고기를 굽는다는 것은 식탁 앞에서 조화로운 대화의 무대가 조성될 수 있는 가능성이 매우 높은 경우이다. 그러니 시인은 이를 두고 "흐리다가 맑음"이라고 한 것이다. 마지막 세 번째 연은 소리와 냄새 감각으로 모두 서정화된 사례들이다. 마치 육신으로 똘똘뭉친 서정적 자아의 오감을 일차적 감각으로 즐겁고 조화롭게 덧칠하는 듯한 모양새를 갖추고 있다. 그러니까 모든 소리와 냄새 감각이 아름다운 화음으로 구성되기에 서정적 자아는 이를 두고 "오늘은 맑음"이라고 표명했다. 한편의 에피소드처럼 구성된 작품이긴 하지만 이 시가 시사하는 바는 매우 크다. 감각의 부활을 통해서, 그리하여 생의 활력소를 불어넣음으로서 인식의 완결성, 조화의 긍정성을 그려내고 있기 때문이다.

  하희경 시인은 일상에서 어떤 거대한 서사를 발견하고 이를 서정의 맥락으로 여과시키려하지 않는다. 그가 탐색하는 서정의 거리는 소박하고 간결하다. 뿐만 아니라 존재론적 한계라든가 인간의 본질과 같은 형이상학에 대해서도 심도 있는 사유의 표백을 드러내지 않는다. 시인의 시들은 사소한 일상에서 시작되기에 이런 거대 담론이나 서사영역과는 거리를 두고 있다. 그럼에도 시인이 던지는 서정의 물결은 결코 작게 울려 퍼지지 않는다. 자아를 둘러싼 일상, 우리 주변에 녹아들어가 있는 일상이야말로 거대한 성채의 뿌리와 같은 것이기 때문이다. 이 소소한 영역 속에서 형성된 자아의 고뇌, 실존의 고뇌들이란 곧 거대 서사나 형이상의 관념과 결코 분리되어 있는 것이 아니기 때문이다. 시인의 작품들을 사소한 일상이나 작은 이야기의 세계로 한정시킬 수 없는 이유가 여기에 있다.

글로우문 시선 002
시간 너머 어딘가에

2024년 11월 5일 초판 1쇄 발행

지은이 | 하희경
펴낸이 | 권용관
펴낸곳 | 글로우문
주　소 | 대전광역시 중구 유천로 102번길 53 101호
전　화 | 042-482-7470
팩　스 | 042-524-7470

출판등록 | 제365-2024-000004호
전자우편 | glowmoon0217@gmail.com
ⓒ 하희경, 2024
ISBN 979-11-987828-1-6

˚ 파본은 구입처에서 교환해 드립니다.
˚ 이 책 내용의 전부 또는 일부를 재사용하려면 저자와 글로우문 양측 동의를 받아야 합니다.
˚ 이 책은 한국예술인복지재단(Korean Artists Welfare Foundation)에서 발간비를 지원 받았습니다.